Hipergamia

A quién eligen Ellas
Lo que hace Él, para ser elegido

Phillip A. Johansen

Editorial Anuket

Contenido

Introducción

Capítulo 1. Los Orígenes de la Hipergamia: Biología y Evolución

Capítulo 2. La Hipergamia en la Mujer: Seguridad y Estabilidad

Capítulo 3. La Hipergamia en el Hombre: Juventud y Belleza

Capítulo 4. Errores Comunes en la Dinámica Hipergámica

Capítulo 5. La Hipergamia en la Era Digital

Capítulo 6. Cómo afrontar la hipergamia

Capítulo 7. Más Allá de la Hipergamia: Relaciones Basadas en la Igualdad

Introducción

Si partimos del significado morfológico, la palabra hipergamia está compuesta de 'hiper', que denota superioridad o exceso, y 'gamia', que viene del griego y aporta el significado de unión o matrimonio. Así, el término de hipergamia es
utilizado para describir la tendencia de un individuo a buscar parejas que se perciben como de un estatus social, económico o educativo más alto. Aunque este comportamiento puede observarse tanto en hombres como en mujeres, las motivaciones y las formas en las que se manifiesta son diferentes entre los géneros, debido a una combinación de factores biológicos, culturales y sociales.

Hipergamia vs. Hipogamia

La hipergamia es la práctica de casarse con alguien de un grupo social o cultural de igual o mayor estatus que el propio, y se da predominantemente cuando las mujeres se casan con algún varón en condiciones de mayor nivel educativo, económico o social. Por el contrario, la hipogamia se produce cuando las mujeres se enlazan con hombres de un estatus menor (o en su inversa: cuando los hombres se casan con mujeres de un estatus superior), aunque esta práctica es menos común en culturas donde las mujeres tienen menos derechos.

Ambos conceptos forman parte del discurso sociológico más amplio sobre la selección de pareja, destacando la dinámica de la movilidad social y las opciones matrimoniales.

Homogamia

La homogamia se refiere a la tendencia de los individuos a casarse con otros que tienen características similares, como nivel educativo, clase social y etnia. Este fenómeno ocurre en sociedades estratificadas, donde las parejas suelen sentirse más cómodas buscando compañeros de vida que ocupen posiciones similares dentro de la estructura social.

Mientras que la hipergamia y la hipogamia se centran en el ascenso o descenso de los estatus sociales, la homogamia enfatiza la similitud y la dinámica social dentro de las relaciones.

Hipergamia cultural

La hipergamia cultural se refiere a las relaciones que se forman entre individuos de diferentes orígenes culturales que se enfrentan a las complejidades de combinar tradiciones y valores. Cuando los miembros de la pareja comparten un profundo aprecio por las sensibilidades del otro, se involucran en una relación multicultural, enriqueciendo sus vidas a través de experiencias compartidas como el idioma, la comida y la música.

Este aspecto enfatiza que las relaciones hipergámicas no se basan únicamente en el estatus financiero, sino que también pueden basarse en conexiones emocionales e intelectuales.

La Hipergamia en la Mujer

Tradicionalmente, la hipergamia femenina ha sido un tema recurrente en el estudio de la psicología evolutiva. Desde una perspectiva biológica, las mujeres tienden a priorizar la seguridad y los recursos que una pareja puede proporcionar. Esta tendencia es atribuida a la necesidad evolutiva de asegurar la supervivencia y el bienestar de sus futuros hijos. Por lo tanto, las mujeres suelen valorar cualidades como:

Estabilidad económica: La capacidad de un hombre para proveer y mantener a la familia es un factor clave en muchas culturas.

Estatus social: Las mujeres pueden buscar hombres que tengan un estatus más alto en la sociedad, ya que esto puede traducirse en una mejor calidad de vida y oportunidades para la descendencia.

Madurez y liderazgo: Los hombres que son percibidos como protectores o líderes naturales suelen ser atractivos, debido a su capacidad de gestionar situaciones difíciles.

Culturalmente, la mujer hipergámica busca a alguien que le brinde una sensación de progreso, que la eleve a un nivel más alto, ya sea social, emocional o económicamente. Esto no significa que todas las mujeres persigan este tipo de relación, pero la tendencia está documentada y se observa con frecuencia en las dinámicas románticas tradicionales.

La Hipergamia en el Hombre

Aunque menos discutida, la hipergamia también puede darse en los hombres, pero se manifiesta de manera diferente. Los hombres, desde una perspectiva evolutiva, tienden a buscar compañeras que muestren signos de fertilidad y juventud, ya que esto asegura una descendencia saludable. No obstante, cuando se trata de estatus o recursos, los hombres suelen optar por relaciones hipogámicas (donde la pareja tiene un estatus más bajo) en lugar de hipergámicas. Las características que valoran incluyen:

Atractivo físico: En la mayoría de las culturas, los hombres suelen buscar mujeres que se perciben como jóvenes y físicamente atractivas, ya que estos son indicadores de fertilidad.

Cualidades emocionales y de apoyo: Los hombres buscan compañeras que les proporcionen apoyo emocional, comprensión y un ambiente hogareño estable.

Simetría de estatus: Aunque es más común que los hombres busquen mujeres con menos estatus o recursos, también buscan una cierta simetría en valores y objetivos de vida.

Sin embargo, en sociedades modernas, algunos hombres también buscan mujeres con altos niveles de educación o éxito profesional, lo que puede ser visto como una nueva forma de hipergamia masculina. Este fenómeno se ha vuelto más visible a medida que las mujeres han ganado independencia económica y social, desafiando las dinámicas tradicionales de poder.

Factores Sociales y Culturales

La hipergamia ha sido reforzada por siglos de estructura patriarcal, donde el hombre era el proveedor y la mujer dependía de su estatus para acceder a mejores oportunidades. Podemos citar un ejemplo para visualizar esa situación. El voto femenino fue aprobado en Inglaterra en 1928; hasta ese momento, la mujer estaba confinada al hogar, y el hombre era reconocido como representante de la familia en el exterior, tomando las decisiones de todos los integrantes (por más que alguno de ellos no tuviera de acuerdo). Por lo tanto, el hombre ostentaba un poder que la mujer anhelaba. En muchas culturas, aún se espera que el hombre sea quien aporte la estabilidad económica y enfrente las adversidades que puedan atentar a la familia, mientras que la mujer se esmera por proteger y educar a los hijos.

No obstante, en las últimas décadas, este modelo ha comenzado a cambiar. El aumento de la igualdad de género y la independencia económica femenina ha creado una nueva dinámica, donde tanto hombres como mujeres tienen la libertad de elegir parejas basadas en diferentes criterios, más allá de los estatus tradicionales. Ahora, las mujeres pueden optar por no seguir las pautas hipergámicas y priorizar la compatibilidad emocional, intelectual o sexual, mientras que algunos hombres están más abiertos a relacionarse con mujeres con carreras y logros sobresalientes.

Factores psicológicos

La psicología de la hipergamia incorpora elementos de la autoimagen y la percepción del estatus social. Las personas suelen evaluar a sus posibles parejas no solo en función de su situación económica, sino también de diversos atributos, como la inteligencia y la creatividad.

La autoestima juega un papel fundamental en esta dinámica: quienes tienen una mayor autoestima pueden buscar parejas que perciben como más deseables, mientras que las personas con una menor autoestima pueden conformarse con parejas que consideran "seguras".

Influencias económicas en las relaciones

La intersección entre la economía y las relaciones plantea interrogantes sobre si la situación financiera puede influir significativamente en la atracción romántica. Si bien el dicho "el dinero no puede comprar el amor" persiste, los factores económicos afectan con frecuencia la selección de pareja en la sociedad contemporánea, lo que lleva a debates constantes sobre el papel de la estabilidad financiera en las relaciones románticas.

Por lo tanto, para comprender la hipergamia también es necesario examinar cómo las presiones sociales y las consideraciones económicas influyen en las decisiones de los individuos en el amor y la pareja.

Diferencias claves

Motivaciones Biológicas: Mientras que las mujeres tienden a enfocarse más en la estabilidad y los recursos, los hombres tradicionalmente buscan juventud y atractivo físico.

Estatus Social: La mujer busca, en general, hombres con un estatus más alto o igual al de ella, mientras que el hombre no considera tanto el estatus social de la mujer, prefiriendo atributos físicos o emocionales.

Cambio de Roles: En la sociedad moderna, los roles han comenzado a mezclarse. Algunas mujeres buscan hombres por su atractivo físico o compatibilidad emocional, mientras que algunos hombres valoran el éxito profesional y el estatus de las mujeres.

La hipergamia es un concepto que ha influido en las relaciones de pareja durante siglos, con diferencias claras entre hombres y mujeres. Sin embargo, las dinámicas están cambiando, y la evolución de los roles de género está transformando las reglas del juego. En las sociedades contemporáneas, donde ambos géneros pueden acceder a la independencia económica, las relaciones se están volviendo más equilibradas y menos dependientes de las estructuras hipergámicas tradicionales.

Capítulo 1
Los Orígenes de la Hipergamia: Biología y Evolución

Este capítulo explora el origen evolutivo de la hipergamia en hombres y mujeres, explicando cómo las diferencias biológicas han dado forma a las preferencias en la elección de pareja. Analizaremos la necesidad femenina de seguridad y recursos, y el enfoque masculino en la juventud y la fertilidad, brindando una base científica para entender el comportamiento actual.

La hipergamia, como fenómeno de selección de pareja, tiene raíces profundas que se remontan a los primeros días de la humanidad. Antes de que la cultura, las normas sociales o las plataformas digitales pudieran influir en la elección de pareja, los instintos biológicos de supervivencia y reproducción eran los principales factores que dictaban las dinámicas entre hombres y mujeres.

Selección Natural y Sexual

Para comprender los orígenes de la hipergamia, es crucial entender la diferencia entre selección natural y selección sexual. La selección natural se refiere a la capacidad de un individuo de sobrevivir en su entorno, mientras que la selección sexual se centra en las características que hacen a un individuo atractivo como pareja reproductiva.

La selección natural influye en los comportamientos hipergámicos al impulsar a las mujeres a buscar parejas que les proporcionen estabilidad y recursos, características que pueden aumentar las posibilidades de supervivencia de sus hijos. Un hombre calvo y de baja estatura, pero director de una empresa multinacional, puede resultar más atractivo que un joven atlético, pero desempleado y sin ambiciones.

La selección sexual, por otro lado, motiva a los hombres a buscar compañeras con características asociadas a la fertilidad, como la juventud y la salud física, aumentando sus posibilidades de transmitir genes a la siguiente generación. En este caso, el hombre preferirá una mujer veinteañera con estudios medios, que, a una mujer en sus cuarenta, licenciada y de estatus elevado.

La Diferenciación Biológica: Inversión Parental

Uno de los conceptos fundamentales que explican las diferencias en las estrategias de emparejamiento entre hombres y mujeres es la inversión parental. En las especies de mamíferos, incluidas los humanos, las hembras invierten significativamente más tiempo y recursos en la reproducción que los machos.

En las mujeres, la inversión parental es considerable. El embarazo, el parto y la lactancia implican un gran gasto de energía y tiempo, lo que hace que sean más selectivas a la hora de elegir pareja. Una mujer podría concebir unos 10 hijos a lo largo de su etapa fértil, por lo que se esmera en emparentarse con el mejor hombre. Evolutivamente, las mujeres tienden a buscar a hombres capaces de proporcionar recursos, protección y estabilidad, asegurando que su inversión parental tenga mayores probabilidades de éxito.

En los hombres, la inversión parental es mucho menor. Él podría preñar una mujer distinta todos los días, y su etapa fértil es por demás prolongada con respecto a la mujer. Debido a la capacidad de reproducirse sin necesidad de una inversión física o temporal tan significativa como la de las mujeres, los hombres, históricamente, se han enfocado en maximizar el número de descendientes, y de allí su tendencia a la poligamia natural (el contacto con el mayor número de hembras diferentes). Por eso, suelen preferir mujeres jóvenes y fértiles, que puedan garantizar una descendencia saludable.

Hipergamia Femenina: Seguridad y Recursos

Desde una perspectiva evolutiva, la hipergamia femenina tiene su raíz en la búsqueda de seguridad y recursos. Las mujeres, enfrentadas a los desafíos de criar hijos en entornos impredecibles y potencialmente peligrosos, desarrollaron la preferencia por parejas que pudieran ofrecer:

• Recursos materiales: Como alimentos, refugio y acceso a bienes esenciales para la supervivencia.

• Protección física: Hombres que pudieran protegerlas a ellas y a sus hijos de amenazas externas, ya sea de otros humanos o depredadores. Es notable observar que en épocas antiguas o medievales en donde la lucha se hacía principalmente de cuerpo a cuerpo, el hombre más fornido era el más deseado. En la actualidad, debido a la tecnología, las mujeres desean al hombre con apariencia sana y de cuidado personal sobre los fisiculturistas, que son vistos como egocéntricos y de costumbres alimenticias extremas y poco sanas. Por otro lado, las mujeres admiran un trasero firme masculino, quizás, porque era lo poseían los antiguos cazadores, que debían correr kilómetros para atrapar a su presa.

• Estatus social: Un estatus más alto generalmente indicaba que el hombre tenía acceso a mejores recursos y una mayor capacidad para proteger a su familia. Esto también implicaba que sus hijos tendrían mayores oportunidades de éxito en el futuro.

Esta estrategia garantizaba que las mujeres no solo eligieran a los hombres más atractivos físicamente, sino a aquellos con las características necesarias para asegurar la supervivencia y bienestar de su descendencia.

Hipergamia Masculina: Juventud y Fertilidad

Aunque la palabra "hipergamia" se asocia más comúnmente con las mujeres, los hombres también muestran tendencias selectivas en sus elecciones de pareja, pero que se encuentran más orientadas a indicadores de fertilidad que de recursos o estatus.

• Juventud: Desde una perspectiva evolutiva, la juventud está asociada con la capacidad de una mujer para tener múltiples hijos. Los hombres tienden a preferir mujeres jóvenes porque, en términos de reproducción, ofrecen mayores oportunidades para tener una descendencia numerosa y sana.

• Atractivo físico: Ciertas características físicas, como una piel suave, el cabello brillante, y un cuerpo con curvas con grandes pechos y caderas anchas, son interpretadas instintivamente como signos de salud y fertilidad. Estos atributos han sido universalmente deseados a lo largo de la historia, ya que indicaban una alta probabilidad de éxito reproductivo.

La Cultura y la Evolución: Una Interacción Compleja

La hipergamia está profundamente influida por las normas culturales y las prácticas históricas. En ciertas sociedades, en particular en el contexto de los matrimonios concertados, la posición social y el linaje familiar son fundamentales para elegir un cónyuge. Esta expectativa social de la hipergamia subraya su aceptación y prevalencia en contextos culturales específicos, lo que pone de relieve aún más la importancia de los factores económicos y sociales en la selección de pareja.

Si bien la biología ha jugado un papel crucial en la configuración de las preferencias de emparejamiento en hombres y mujeres, la cultura ha amplificado o modificado estas dinámicas en diferentes momentos históricos y contextos sociales.

Roles de género: Las culturas tradicionales han reforzado los roles de género basados en estas inclinaciones biológicas. Las mujeres eran valoradas por su juventud y capacidad reproductiva, mientras que los hombres eran valorados por su fuerza, capacidad de proveer y liderazgo.

El matrimonio como estrategia de supervivencia: Durante gran parte de la historia humana, el matrimonio no solo era una unión basada en el amor romántico, sino también una estrategia económica y de supervivencia. Esto reforzaba las dinámicas hipergámicas, donde la mujer buscaba un hombre de mayor estatus o con mayores recursos.

A lo largo del tiempo, estas dinámicas han evolucionado junto con los cambios sociales, pero las bases biológicas de la hipergamia siguen siendo evidentes en muchas culturas contemporáneas, aunque camufladas por normas y expectativas modernas.

La Hipergamia en la Modernidad: ¿Persistencia o Cambio?

Con la llegada de la modernidad, muchas de las condiciones que favorecían la hipergamia han cambiado. El acceso a la educación, la independencia económica femenina y los avances tecnológicos han dado lugar a nuevas dinámicas en la elección de pareja. Sin embargo, muchos de los instintos básicos siguen vigentes:

<u>Mujeres independientes y selectivas</u>: A pesar de que muchas mujeres ya no dependen económicamente de un hombre, el estatus sigue siendo un factor importante en la selección de pareja. La diferencia es que ahora el estatus puede incluir factores como la inteligencia, la educación o el éxito profesional.

<u>Hombres y la atracción por el éxito femenino</u>: En algunos casos, los hombres modernos también pueden verse atraídos por mujeres que muestran éxito en términos de estatus social o económico. Este fenómeno desafía los modelos tradicionales de hipergamia masculina, que siempre ha preferido mujeres de igual o de estatus más bajo que el de él, para así poder desarrollar su masculinidad como protector. No obstante, el hombre siempre ha estado necesitado de que reconozcan su valor y utilidad, situación algo difícil cuando la mujer ejerce el liderazgo familiar.

La hipergamia, tanto en hombres como en mujeres, tiene raíces profundas en nuestra biología y evolución. Aunque la cultura y los avances sociales han transformado cómo nos relacionamos en las sociedades modernas, muchos de los instintos subyacentes persisten.

Capítulo 2
La Hipergamia en la Mujer: Seguridad y Estabilidad

La hipergamia en la mujer, entendida como la tendencia a buscar parejas con mayor estatus social, económico o educativo, ha sido ampliamente documentada en diversas culturas y contextos históricos. En este capítulo, profundizamos en las raíces de esta tendencia, sus manifestaciones en la sociedad moderna y cómo la búsqueda de seguridad y estabilidad influye en las decisiones de emparejamiento de las mujeres. También examinaremos cómo el cambio de roles de género y la independencia económica femenina están transformando esta dinámica tradicional.

Las Bases Biológicas de la Hipergamia Femenina

Desde una perspectiva evolutiva, la hipergamia femenina tiene una justificación clara: la búsqueda de un compañero que pueda proporcionar seguridad y recursos para garantizar la supervivencia de la mujer y su descendencia. Como hemos explicado, las mujeres, debido a su mayor inversión parental (embarazo, parto y crianza), tienden a ser más selectivas al elegir pareja. Esta selectividad está guiada por la necesidad de asegurarse de que el hombre pueda ofrecer apoyo constante y recursos a largo plazo.

<u>Estabilidad económica</u>: En las primeras etapas de la evolución humana, los recursos eran escasos y difíciles

de obtener. Los hombres con acceso a comida, refugio y herramientas adecuadas eran más atractivos para las mujeres, ya que aseguraban la supervivencia tanto de ellas como de sus hijos.

Protección: En un entorno lleno de amenazas, desde animales salvajes hasta conflictos tribales, la capacidad de un hombre para proteger a su pareja y sus hijos también era crucial. Las mujeres que elegían compañeros con habilidades para defenderse y asegurar un territorio aumentaban las probabilidades de supervivencia de su descendencia.

Este proceso de selección no era consciente, sino una manifestación de instintos profundamente arraigados que evolucionaron para maximizar la supervivencia y el éxito reproductivo. Aunque las sociedades han cambiado y el acceso a recursos ya no depende de la fuerza física, las mujeres continúan mostrando preferencias que reflejan estas antiguas dinámicas evolutivas.

La Hipergamia en la Sociedad Tradicional

Históricamente, la hipergamia femenina ha sido reforzada por estructuras sociales y económicas que limitaban la independencia de las mujeres. Durante siglos, las mujeres dependían de los hombres para acceder a recursos, propiedad y estatus social. El matrimonio se convertía en una herramienta para mejorar la posición económica y social de las mujeres, y era vital elegir un hombre con poder, influencia o riqueza.

Matrimonios estratégicos: En muchas sociedades, el matrimonio no era una cuestión de amor, sino una transacción estratégica que permitía a las familias mejorar su posición en la comunidad. Los matrimonios entre mujeres de clases bajas y hombres de clases más altas o con mayor poder económico eran comunes, y las familias de las mujeres alentaban estas uniones para garantizar la seguridad a largo plazo.

El rol del dote y el estatus: En culturas donde el dote jugaba un papel importante, la hipergamia femenina era más pronunciada. Las mujeres con mayores dotes podían aspirar a mejores esposos, mientras que las de familias humildes buscaban ascender socialmente a través del matrimonio con hombres de mayor estatus.

Este modelo hipergámico tradicional mantenía a las mujeres en un papel subordinado, donde la seguridad económica y social dependía en gran medida de la elección de un compañero que pudiera proporcionar estabilidad.

Influencia de la tecnología

El auge de las plataformas de citas online ha transformado aún más los comportamientos hipergámicos al ampliar el grupo de parejas potenciales. Las barreras geográficas y sociales que antes limitaban la elección de pareja han disminuido, lo que permite a las personas conectarse con una amplia gama de parejas potenciales. Esto también ha llevado al desarrollo de opciones de filtrado basadas en la educación, la profesión y las preferencias de estilo de vida, lo que permite a los usuarios buscar relaciones que se alineen más estrechamente con sus aspiraciones personales.

La Hipergamia en la Modernidad: Independencia y Nueva Estabilidad

El siglo XX trajo consigo una revolución en los roles de género y las dinámicas económicas. Las mujeres ganaron acceso a la educación superior, comenzaron a incorporarse al mercado laboral y, con el tiempo, lograron una independencia económica que desafiaba las normas tradicionales. No obstante, aunque la hipergamia femenina ha evolucionado, sigue siendo una tendencia observable en la elección de pareja.

<u>Independencia económica, pero con expectativas:</u> Hoy en día, las mujeres ya no dependen completamente de los hombres para obtener recursos, lo que les da una mayor libertad para elegir pareja en función de la compatibilidad emocional, intelectual o sexual. Sin embargo, estudios han demostrado que, incluso en las mujeres económicamente independientes, la preferencia por hombres con mayor o igual estatus económico sigue siendo prevalente. Esto se debe a que la seguridad y la estabilidad, aunque ya no se limiten a lo material, siguen siendo un factor clave.

<u>Compatibilidad y estabilidad emocionales:</u> En la modernidad, la seguridad que las mujeres buscan en una pareja no es solo económica, sino también emocional. La estabilidad en una relación ahora incluye factores como el apoyo emocional, la compatibilidad en los valores y la capacidad de resolver conflictos de manera madura. La hipergamia

femenina, en este sentido, se ha transformado para incluir también criterios de estabilidad psicológica y relacional.

Este fenómeno refleja un cambio en el concepto de "seguridad", que ha pasado de ser puramente material a incluir el bienestar emocional y la calidad de vida en general.

Las Expectativas Sociales y la Hipergamia

A pesar de los avances en igualdad de género, las expectativas sociales siguen jugando un papel importante en las dinámicas hipergámicas. En muchas culturas, se espera que los hombres provean o que al menos sean capaces de igualar o superar el estatus económico de sus parejas. Esta presión social puede influir tanto en hombres como en mujeres:

<u>Presión sobre las mujeres:</u> Aunque cada vez más mujeres rechazan las normas tradicionales, todavía existe una presión cultural para que "asciendan" en el estatus socioeconómico a través de sus parejas. Esto es particularmente evidente en las expectativas familiares y sociales, donde una mujer puede ser vista como exitosa si su pareja tiene un estatus elevado.

<u>El impacto en los hombres:</u> Los hombres, por su parte, sienten la presión de cumplir con estas expectativas. Aquellos que no tienen un estatus económico elevado pueden sentirse inadecuados o menos atractivos, incluso si poseen otras cualidades valiosas. Esta dinámica puede generar tensiones en las relaciones,

especialmente en una era en la que las mujeres son cada vez más independientes y exitosas.

La Nueva Hipergamia: Estatus Social e Intelectual

En las sociedades contemporáneas, donde las mujeres tienen más libertad de elección que nunca, la hipergamia se ha desplazado en algunos casos hacia criterios de estatus social e intelectual. Las mujeres buscan no solo hombres con recursos económicos, sino también aquellos que tengan:

Éxito profesional: Un hombre con ambiciones, un trabajo estable y la capacidad de seguir creciendo en su carrera es valorado positivamente, ya que el éxito profesional se asocia con la estabilidad y el progreso.

Capacidad intelectual: El estatus intelectual, que incluye la educación, el nivel cultural y la inteligencia emocional, se ha convertido en un factor crucial para muchas mujeres a la hora de elegir pareja. A medida que las mujeres logran mayores niveles de educación, es más probable que busquen hombres que puedan mantener una conversación profunda y compartir intereses intelectuales.

Los Peligros de la Hipergamia: Expectativas y Realidades

Si bien la hipergamia puede ofrecer beneficios en términos de seguridad y estabilidad, también puede generar problemas cuando las expectativas no se alinean con la realidad. Algunas mujeres que buscan una pareja hipergámica pueden enfrentar:

<u>Expectativas irreales:</u> La sociedad moderna a menudo presenta modelos de éxito que son difíciles de alcanzar para la mayoría de los hombres. Esto puede llevar a mujeres a buscar un "príncipe azul" que, en la práctica, es difícil de encontrar. Estas expectativas irreales pueden generar frustración y desilusión.

<u>Dependencia emocional o económica:</u> Aun en la modernidad, algunas mujeres pueden caer en la trampa de depender emocional o económicamente de un hombre con mayores recursos, lo que puede socavar su propia independencia y bienestar a largo plazo.

Hipergamia y Feminismo

La hipergamia femenina y el movimiento feminista son dos conceptos que han suscitado debate sobre la dinámica de las relaciones de género. Mientras la hipergamia femenina se refiere a la tendencia de algunas mujeres a buscar parejas que tengan un estatus social, económico o educativo superior al propio, el feminismo es un movimiento que lucha por la igualdad de derechos y oportunidades para las mujeres en todos los ámbitos.

A primera vista, podría parecer que la hipergamia y el feminismo están en contradicción. El feminismo, especialmente en su vertiente más moderna, aboga por la independencia y el empoderamiento de las mujeres, sugiriendo que no deberían depender de los hombres para mejorar su estatus social o económico. Sin embargo, algunas críticas apuntan que ciertos aspectos de la hipergamia se perpetúan a pesar de los avances feministas. Esto se puede ver en la expectativa social que muchas mujeres aún enfrentan de encontrar una pareja que "mejore" su posición.

Desde el punto de vista feminista, la hipergamia es vista, en ocasiones, como un reflejo de las desigualdades estructurales históricas. Tradicionalmente, las mujeres han tenido menos oportunidades económicas y sociales que los hombres, lo que fomentaba la búsqueda de parejas con mayores recursos. Algunos sectores del feminismo consideran que, en una sociedad completamente igualitaria, la hipergamia debería desaparecer, ya que las mujeres no necesitarían buscar "hacia arriba" para asegurar su bienestar.

Por otro lado, algunos críticos del feminismo sostienen que el fenómeno hipergámico continúa fortalecido, incluso en sociedades con avances feministas, lo que sugiere que tiene raíces profundas en la biología o la psicología humana. Desde esta perspectiva, el instinto de buscar seguridad y protección en una pareja con mayor estatus puede ser una estrategia evolutiva que trasciende las normativas sociales.

La relación entre la hipergamia femenina y el feminismo es compleja. Mientras el feminismo busca eliminar las barreras que impiden la independencia y el desarrollo individual de las mujeres, la hipergamia parece seguir influyendo en las dinámicas de pareja. Este debate nos invita a reflexionar sobre cuánto de nuestras decisiones relacionales está influenciado por normas sociales y cuánto proviene de factores más arraigados en la naturaleza humana.

La hipergamia femenina ha evolucionado desde sus raíces biológicas hasta adaptarse a las realidades contemporáneas. Aunque las mujeres modernas tienen más opciones y libertad que nunca, la búsqueda de seguridad y estabilidad sigue siendo un factor predominante en las elecciones de pareja. Sin embargo, esa "seguridad" ha tomado nuevas formas, incluyendo la estabilidad emocional, el éxito intelectual y la compatibilidad de valores. A medida que las expectativas sociales continúan cambiando, la hipergamia también lo hará, reflejando las nuevas dinámicas de poder y género en la sociedad actual.

Capítulo 3
La Hipergamia en el Hombre: Juventud y Belleza

Como lo hemos citado, cuando hablamos de hipergamia, generalmente se refiere al fenómeno de las mujeres que buscan parejas con mayor estatus socioeconómico. Sin embargo, en los hombres, aunque el comportamiento no se ajusta al concepto tradicional de hipergamia, también hay preferencias selectivas claras. Los hombres tienden a mostrar una inclinación hacia la juventud y la belleza en sus parejas, factores que desde una perspectiva evolutiva se asocian con la fertilidad y la capacidad reproductiva. En este capítulo exploraremos las motivaciones detrás de esta inclinación, cómo se ha manifestado a lo largo de la historia y cómo sigue siendo una dinámica relevante en la actualidad.

La Base Evolutiva: Juventud como Símbolo de Fertilidad

Al igual que la hipergamia femenina que se basa en la búsqueda de seguridad y recursos, la hipergamia masculina (si se puede llamar así) está orientada hacia la búsqueda de señales de fertilidad y salud en una pareja. Los hombres han sido seleccionados, evolutivamente, para preferir mujeres jóvenes y físicamente atractivas, ya que estos atributos indican una mayor capacidad reproductiva.

Juventud como indicador de fertilidad: La juventud, en términos biológicos, está asociada con la máxima capacidad reproductiva de una mujer. En la antigüedad, cuando las tasas de mortalidad infantil eran más altas y la expectativa de vida era más corta, los hombres que elegían mujeres jóvenes tenían más probabilidades de engendrar hijos que sobrevivieran hasta la madurez.

Atractivo físico y señales de salud: Características físicas como una piel suave, cabello brillante y una proporción cintura-cadera favorable (que sugiere una buena capacidad reproductiva) eran indicadores clave de que una mujer era fértil y sana. Estas señales subconscientes de salud física y fertilidad permitían a los hombres identificar compañeras que probablemente tendrían más éxito en dar a luz a hijos sanos.

En otras palabras, mientras que las mujeres históricamente buscaban recursos y protección en una pareja, los hombres buscaban compañeras que pudieran garantizar la transmisión exitosa de sus genes. Esto generó una fuerte preferencia por la juventud y la belleza, que sigue presente en los hombres de las sociedades modernas, aunque las circunstancias han cambiado. Por eso no llama la atención que los hombres se involucren emocionalmente con mujeres 10 años menores que él, mientras que la sociedad mira con ojos extraños a la mujer que frecuenta hombres 10 años menores que ella, acusándola de "roba cunas".

Manifestaciones Históricas de la Hipergamia Masculina

A lo largo de la historia, la preferencia de los hombres por mujeres jóvenes y atractivas ha sido evidente en diversas culturas y contextos. Esta inclinación no es un fenómeno nuevo, sino un rasgo constante que ha influido en las relaciones humanas a lo largo del tiempo.

<u>Las uniones de hombres mayores con mujeres jóvenes:</u> En muchas sociedades tradicionales, los hombres mayores y con más recursos se casaban con mujeres jóvenes. Estos matrimonios no solo garantizaban la transmisión genética, sino que también reforzaban el estatus social del hombre, quien, al unirse con una mujer joven y atractiva, mostraba su capacidad de acceder a una pareja fértil y deseada.

<u>Los ideales de belleza femenina en la historia:</u> Desde la antigua Grecia hasta la China imperial, los estándares de belleza femenina han estado vinculados a la juventud, la salud y la capacidad reproductiva. En diferentes momentos históricos, el ideal de la belleza femenina ha sido representado por mujeres jóvenes con cuerpos proporcionados, que denotaban fertilidad y salud.

<u>Poligamia y juventud:</u> En sociedades polígamas, era común que los hombres de alto estatus tuvieran varias esposas, a menudo más jóvenes que ellos. Las mujeres más jóvenes ocupaban un lugar especial en estas relaciones debido a su capacidad para tener más hijos y a su atractivo físico.

La Hipergamia Masculina en la Sociedad Contemporánea

Aunque las sociedades han evolucionado y los avances sociales han cambiado las dinámicas de género, la preferencia de los hombres por la juventud y la belleza sigue siendo un fenómeno observable en las relaciones modernas. Sin embargo, estas preferencias se han adaptado a nuevas realidades culturales y tecnológicas.

Redes sociales y aplicaciones de citas: Las plataformas digitales han facilitado el acceso a una amplia variedad de posibles parejas, y muchos hombres continúan priorizando la atracción física en sus decisiones. Las aplicaciones de citas, como Tinder o Bumble, fomentan esta tendencia, ya que el atractivo físico es el primer criterio visible y suele ser decisivo para los hombres a la hora de hacer "match".

La juventud como factor de estatus: En las sociedades actuales, una relación con una mujer joven y atractiva sigue siendo vista como un símbolo de estatus para muchos hombres. Los hombres de alto perfil o con gran poder económico a menudo se ven emparejados con mujeres mucho más jóvenes, lo que refuerza la idea de que la juventud femenina es un bien deseado y valioso. Este fenómeno es común en la élite de la sociedad, desde estrellas de cine hasta empresarios de éxito.

Cirugía estética y los estándares de belleza: En la cultura contemporánea, las mujeres también enfrentan presiones para mantener su apariencia joven y atractiva por más tiempo. El auge de la cirugía estética, el uso de productos antienvejecimiento y la obsesión por mantener una imagen juvenil se han visto exacerbados por la preferencia masculina por la juventud, lo que refuerza los estándares de belleza poco realistas.

Diferencias en las expectativas de Hombres y Mujeres

Si bien la hipergamia femenina tiende a enfocarse en el estatus y la estabilidad económica, la hipergamia masculina está más centrada en la apariencia física. Esta diferencia en las prioridades puede generar tensiones y malentendidos en las relaciones modernas, donde tanto hombres como mujeres buscan diferentes cosas en una pareja:

<u>Mujeres y expectativas económicas:</u> Las mujeres, especialmente las que han alcanzado independencia económica, tienden a buscar parejas que sean iguales o superiores a ellas en términos de estatus, ingresos o logros académicos. Para ellas, la estabilidad sigue siendo importante, pero la búsqueda de una pareja con mayor estatus también puede estar influida por expectativas culturales y sociales.

<u>Hombres y expectativas físicas:</u> Los hombres, aunque valoran la inteligencia y la personalidad en una pareja, suelen priorizar el atractivo físico en las primeras etapas de una relación. Esto puede generar frustración en mujeres que han invertido en su desarrollo personal o profesional, solo para sentirse valoradas principalmente por su apariencia.

La Juventud y la Belleza en la Madurez Masculina

La preferencia por la juventud también cambia a medida que los hombres envejecen. Mientras que los hombres jóvenes tienden a buscar compañeras de su misma edad o ligeramente más jóvenes, los hombres de mayor edad a menudo prefieren mujeres significativamente más jóvenes. Esta tendencia tiene varias explicaciones:

<u>Acceso a parejas jóvenes a través del estatus:</u> A medida que los hombres maduran y alcanzan un mayor estatus económico y social, tienen más acceso a mujeres jóvenes y atractivas. Esto es especialmente evidente en hombres que alcanzan posiciones de poder o riqueza, donde la juventud de su pareja se convierte en una señal de éxito personal.

<u>Mantenimiento de la vitalidad masculina:</u> Para algunos hombres, tener una pareja más joven puede ser una manera de reafirmar su vitalidad y masculinidad. Al unirse a una mujer joven, estos hombres sienten que todavía son descables y capaces de atraer a parejas en su mejor momento reproductivo.

Este fenómeno puede crear tensiones en las relaciones de parejas mayores, donde la brecha de edad puede generar diferencias en expectativas, intereses y estilos de vida.

Se habla que la diferencia de edad ideal es de 7 años, ya que, superado ese lapso, estamos hablando de generaciones distintas que poco tendrán en común. Un hombre de 30 es perfecto, ya que alcanza su madurez, tiene en claro sus objetivos y trabaja en ellos, junto a una mujer de 23, que está en su época dorada (18 a 25) se vuelven una pareja poderosa.

Los Peligros de la "Hipergamia Masculina"

La preferencia masculina por la juventud y la belleza no está exenta de consecuencias negativas. En muchos casos, estas expectativas pueden generar relaciones superficiales o insatisfactorias a largo plazo. Algunos de los riesgos incluyen:

Relaciones basadas en la apariencia superficial: La elección de una pareja basándose casi exclusivamente en la apariencia física puede llevar a relaciones donde la conexión emocional o intelectual es débil. Estas relaciones, a menudo insostenibles, pueden terminar cuando la atracción física disminuye o cuando uno de los miembros busca una conexión más profunda.

Insatisfacción a largo plazo: Los hombres que priorizan la juventud y la belleza pueden encontrarse atrapados en una búsqueda constante de la pareja "perfecta", lo que los deja insatisfechos o incapaces de mantener relaciones a largo plazo. La belleza y la juventud son temporales, y aquellos que solo buscan estos atributos pueden experimentar crisis personales o sentimentales a medida que sus parejas envejecen o cambian físicamente.

Fomento de estándares de belleza poco realistas: La preferencia masculina por la juventud también refuerza los estándares de belleza poco realistas en las mujeres, lo que puede generar problemas de autoestima o dismorfia corporal en muchas de ellas, que sienten la presión de cumplir con expectativas imposibles.

La Evolución de la Hipergamia Masculina

Aunque el mundo moderno ha cambiado las reglas del juego en cuanto a relaciones y dinámicas de pareja, la preferencia masculina por la juventud y la belleza sigue siendo un fenómeno presente, influido por factores evolutivos y culturales. Sin embargo, esta tendencia también debe ser vista de manera crítica, ya que los ideales de belleza y juventud no siempre conducen a relaciones satisfactorias o saludables a largo plazo. Para los hombres, reconocer y equilibrar estas preferencias con otros valores, como la compatibilidad emocional e intelectual, puede ser clave para construir relaciones más profundas y duraderas en una sociedad en constante cambio.

Capítulo 4
Errores comunes
en la dinámica hipergámica

La hipergamia, tanto en hombres como en mujeres, es un fenómeno que refleja preferencias profundas basadas en factores biológicos, sociales y culturales. Sin embargo, las dinámicas hipergámicas pueden generar errores y malentendidos cuando se interpretan o aplican de manera extrema o errónea en la vida moderna. Estos errores no solo afectan las relaciones interpersonales, sino que también pueden influir en la autoestima, las expectativas y la calidad de vida de las personas. En este capítulo, profundizaremos los errores más comunes en la dinámica hipergámica y cómo pueden socavar tanto las relaciones románticas como el bienestar personal.

Críticas y controversias

La hipergamia ha generado importantes críticas y controversias a lo largo de los años, y a menudo ha provocado acalorados debates sobre la dinámica de género y los valores sociales. En esencia, los críticos sostienen que la conducta hipergámica refuerza estereotipos obsoletos, en particular en lo que respecta a las motivaciones de las mujeres en las relaciones. Algunos sostienen que esta tendencia se debe principalmente a la búsqueda de parejas con un estatus económico más alto, y la califican de búsqueda superficial.

Sin embargo, los defensores de la hipergamia afirman que abarca una gama más amplia de factores, incluida la compatibilidad y los valores compartidos, en lugar de centrarse únicamente en la riqueza.

El discurso en torno a la hipergamia suele estar polarizado, los detractores la enmarcan como una noción antifeminista, mientras que los partidarios sostienen que puede verse a través de una lente feminista moderna. Los críticos sugieren que la hipergamia perpetúa la idea de que las mujeres priorizan la seguridad financiera por sobre la conexión genuina, lo que, según afirman, socava la autonomía de las mujeres y complica la dinámica de las citas.

Por el contrario, los partidarios de la hipergamia sostienen que refleja una elección informada, que permite a las personas buscar relaciones que se alineen con sus aspiraciones y valores en lugar de verse limitadas por los roles de género tradicionales.

Además, algunos estudiosos han señalado que el miedo asociado a la hipergamia puede distorsionar las percepciones y crear comunidades que vilipendian al sexo opuesto. Este miedo, que a menudo tiene su raíz en preocupaciones sobre la infidelidad y el compromiso, puede llevar a generalizaciones que pintan a todos los individuos que participan en conductas hipergámicas como manipuladores o poco éticos.

Por ello, los críticos sostienen que las discusiones en torno a la hipergamia deberían centrarse en fomentar el entendimiento mutuo en lugar de perpetuar narrativas divisivas. El debate se complica aún más por la naturaleza cambiante de las relaciones en el siglo XXI, donde las motivaciones detrás de las elecciones hipergámicas pueden diferir significativamente según los contextos culturales. Los críticos sostienen que la hipergamia contemporánea puede parecer una estrategia de supervivencia en lugar de una preferencia consciente, en particular en entornos donde la estabilidad financiera es primordial. Por el contrario, los partidarios sostienen que la hipergamia se considera cada vez más como una opción de relación válida que permite a las personas buscar relaciones satisfactorias que trasciendan las meras consideraciones económicas.

En última instancia, si bien la hipergamia sigue generando debate, sigue siendo un tema multifacético que refleja cambios sociales más amplios y elecciones individuales en el ámbito de las relaciones románticas.

Idealización de la Pareja Basada en Estereotipos Hipergámicos

Uno de los errores más comunes en la dinámica hipergámica es la idealización excesiva de la pareja basándose en estereotipos. Tanto hombres como mujeres pueden caer en el error de crear una imagen idealizada de la pareja "perfecta" que se ajusta a los estándares hipergámicos, lo que puede llevar a relaciones insatisfactorias y desilusiones.

Mujeres que buscan un "hombre proveedor" idealizado: Muchas mujeres, influenciadas por el paradigma hipergámico, tienden a buscar hombres que cumplan con una imagen de proveedor ideal, esperando que tengan éxito financiero, un estatus social elevado y la capacidad de ofrecer seguridad. Sin embargo, al idealizar a un hombre exclusivamente en función de su estatus económico o su capacidad de proveer, las mujeres pueden pasar por alto aspectos fundamentales de la relación, como la compatibilidad emocional o la calidad del vínculo afectivo. Esto puede generar relaciones basadas en lo superficial, donde la satisfacción a largo plazo es difícil de alcanzar.

<u>Hombres que idealizan la juventud y belleza:</u> Del mismo modo, algunos hombres cometen el error de enfocarse exclusivamente en la juventud y la belleza física al elegir pareja. Aunque estos rasgos son atractivos a nivel superficial, no garantizan una relación estable ni emocionalmente satisfactoria a largo plazo. Los hombres que buscan constantemente mujeres más jóvenes o atractivas pueden encontrarse atrapados en una búsqueda interminable de una "mejor opción", lo que socava su capacidad de formar relaciones profundas y significativas.

Este tipo de idealización conduce a expectativas irreales que inevitablemente generan frustración cuando la realidad no coincide con la fantasía.

Dinámicas modernas y perspectivas culturales

Los pensadores contemporáneos abordan la hipergamia desde diversos ángulos, y a menudo la consideran un aspecto intrínseco de la naturaleza humana que requiere un manejo cuidadoso para mantener la estabilidad social. El concepto se percibe de manera diferente en las distintas culturas: en algunas sociedades, el matrimonio con una persona de mayor categoría se celebra como un medio para lograr la estabilidad financiera y social, mientras que en otras puede ser visto con escepticismo, como oportunismo o ascenso social.

Además, los intercambios culturales provocados por la globalización han introducido diversas actitudes hacia la hipergamia, complicando su comprensión y práctica en diferentes sociedades.

El error de basar el valor personal en la pareja

Otro error común en la dinámica hipergámica es el de medir el valor personal en función del estatus de la pareja. Tanto hombres como mujeres pueden caer en la trampa de pensar que la calidad de su pareja (en términos de estatus, apariencia o logros) refleja directamente su propio valor como individuos. Este enfoque puede tener efectos negativos profundos en la autoestima y la percepción de sí mismos.

<u>Mujeres que miden su éxito por el estatus de su pareja</u>: En algunos casos, las mujeres tienden a medir su valor en función del éxito o el poder de su pareja. Esta dinámica es un subproducto de las expectativas tradicionales de la hipergamia, donde la mujer era vista como "elevada" por la posición social o económica de su pareja. Aunque hoy en día las mujeres tienen más independencia, algunas siguen sintiendo presión por tener una pareja que "valide" su propio éxito. Esto puede llevar a que se acepten relaciones desequilibradas o incluso tóxicas, si el hombre tiene

un estatus elevado, pero no ofrece un verdadero apoyo emocional o respeto.

<u>Hombres que definen su masculinidad por el atractivo de su pareja:</u> Por otro lado, algunos hombres cometen el error de medir su masculinidad o éxito personal en función de cuán atractiva es su pareja. La búsqueda constante de aprobación externa a través de la apariencia física de la mujer puede desviar la atención de lo que realmente importa en una relación: la conexión emocional, el respeto mutuo y el apoyo recíproco. Además, este enfoque superficial puede llevar a una inseguridad constante, ya que siempre habrá alguien más joven o atractiva que la actual pareja.

El valor personal no debe estar vinculado únicamente a las características de la pareja, ya que esto genera relaciones superficiales y expectativas poco realistas que tienden a desmoronarse con el tiempo.

El Error de subestimar la compatibilidad emocional e intelectual

Un error crucial en las dinámicas hipergámicas es la tendencia a subestimar la importancia de la compatibilidad emocional e intelectual a largo plazo. Tanto en hombres como en mujeres, el enfoque exclusivo en el estatus económico, la juventud o la apariencia física puede eclipsar otros factores esenciales para una relación exitosa y satisfactoria.

<u>Relaciones basadas únicamente en la economía:</u> Las mujeres que se centran exclusivamente en encontrar

una pareja con mayores recursos pueden pasar por alto factores esenciales como los valores compartidos, la comunicación y la empatía emocional. Esto puede generar relaciones frías o funcionales, pero carentes de verdadera conexión. A largo plazo, estas relaciones pueden volverse insostenibles, ya que la falta de compatibilidad emocional puede generar resentimientos, tensiones y una desconexión emocional.

<u>Relaciones basadas solo en la apariencia física:</u> Los hombres que priorizan la juventud y la belleza pueden caer en relaciones donde, aunque haya una fuerte atracción inicial, carecen de una base intelectual y emocional sólida. La belleza física es pasajera, y si no hay otros cimientos fuertes, la relación puede desmoronarse cuando la apariencia cambia o las expectativas no se cumplen.

La compatibilidad emocional e intelectual es crucial para el éxito de las relaciones a largo plazo. Las parejas que se entienden y comparten intereses, valores y una conexión emocional profunda suelen tener una base más sólida para enfrentar los desafíos que inevitablemente surgen en la vida.

El error de creer que la Hipergamia garantiza éxito en la relación

Otro error común en las dinámicas hipergámicas es la creencia de que seguir estrictamente los patrones hipergámicos garantiza el éxito en la relación. Muchas personas suponen que si cumplen con los criterios tradicionales de la hipergamia —una mujer que busca estatus y un hombre que busca belleza—, tendrán una relación exitosa y satisfactoria. Sin embargo, esta suposición no tiene en cuenta las complejidades de las relaciones humanas.

La falacia de "proveer = felicidad": Algunas mujeres creen que, si encuentran un hombre con un estatus elevado y estabilidad económica, todo lo demás caerá en su lugar automáticamente. Sin embargo, la provisión material no garantiza la felicidad ni la satisfacción emocional. Muchas relaciones que parecen cumplir con los requisitos hipergámicos tradicionales fracasan debido a la falta de compatibilidad en otros aspectos fundamentales, como la comunicación, el respeto y el apoyo emocional.

La falacia de "belleza = felicidad": Del mismo modo, algunos hombres suponen que, si encuentran una mujer atractiva y joven, eso será suficiente para garantizar el éxito en la relación. Sin embargo, como se mencionó anteriormente, la belleza es temporal, y las relaciones que se basan únicamente en el atractivo físico tienden a perder su chispa a medida que las dinámicas emocionales y las dificultades de la vida cotidiana se imponen.

La creencia de que la hipergamia garantiza el éxito a largo plazo es un error, ya que las relaciones son más complejas y multifacéticas de lo que estos patrones superficiales permiten.

El error de ignorar las dinámicas de Poder y Control

Un error importante en las relaciones hipergámicas es ignorar las dinámicas de poder y control que pueden surgir cuando una persona tiene más recursos, estatus o influencia que la otra. Estas dinámicas pueden desequilibrar las relaciones y generar patrones tóxicos que socavan la igualdad y el respeto mutuo.

<u>Desequilibrio económico y control</u>: En una relación donde un hombre tiene un estatus económico significativamente superior, puede existir la tentación de ejercer control o poder sobre la mujer. Esto puede manifestarse en decisiones financieras, control sobre las actividades o amistades de la pareja, o incluso en formas más sutiles de manipulación emocional. Las mujeres que dependen económicamente de su pareja pueden sentirse atrapadas en la relación, lo que genera resentimiento y disfuncionalidad a largo plazo.

<u>Control emocional basado en la apariencia</u>: Por otro lado, los hombres que se enfocan en mujeres más jóvenes y atractivas pueden intentar ejercer control sobre la apariencia de su pareja, lo que puede generar inseguridades y presiones insalubres. Las dinámicas de poder en las relaciones hipergámicas a menudo no son equilibradas, lo que crea un entorno donde la manipulación o el abuso pueden florecer.

Es fundamental que las parejas reconozcan y aborden cualquier desequilibrio de poder para fomentar una relación equitativa y respetuosa, en lugar de perpetuar dinámicas de control y subordinación.

El error de la Competencia Constante

Finalmente, un error común en las dinámicas hipergámicas es el de vivir en una competencia constante. Este error se manifiesta tanto en hombres como en mujeres que sienten que siempre deben competir con otras personas para mantener a su pareja o para mejorar su estatus en la relación.

Competencia entre mujeres: En el caso de las mujeres, la competencia puede surgir en torno a la búsqueda de hombres con alto estatus o en mantener la apariencia física para seguir siendo deseadas. Esto puede generar relaciones tensas entre mujeres y fomentar la rivalidad, en lugar de promover un apoyo mutuo y una autoestima saludable. La presión para competir constantemente puede desgastar a las mujeres, tanto emocional como físicamente.

Competencia entre hombres: Los hombres, por su parte, pueden caer en una competencia por obtener a las mujeres más jóvenes o atractivas, lo que puede llevar a un ciclo sin fin de comparación y búsqueda de validación externa. Esta competencia perpetua puede socavar la confianza y generar relaciones superficiales, ya que el enfoque está en la apariencia externa en lugar de en la conexión emocional o la compatibilidad.

Las dinámicas hipergámicas, si bien pueden tener raíces biológicas y culturales profundas, no deben dictar por completo la manera en que nos relacionamos. Es crucial evitar los errores comunes asociados con la hipergamia, como la idealización de la pareja, la competencia constante o la creencia de que seguir estrictamente estos patrones garantiza el éxito.

Al reconocer y equilibrar estas dinámicas, las personas pueden construir relaciones más saludables, basadas en el respeto mutuo, la compatibilidad emocional y el crecimiento conjunto.

Capítulo 5
La Hipergamia en la Era Digital: Redes Sociales y Aplicaciones de Citas

La era digital ha transformado las relaciones interpersonales, y con ella, la dinámica de la hipergamia se ha visto notablemente influenciada. Las redes sociales y las aplicaciones de citas han facilitado la interacción entre personas de diferentes estatus sociales, económicos y geográficos, permitiendo a los usuarios acceder a una mayor variedad de posibles parejas. Sin embargo, estas plataformas también han amplificado ciertas tendencias hipergámicas y han introducido nuevos desafíos para las relaciones. En este capítulo exploraremos cómo la hipergamia se manifiesta en el mundo digital y los efectos que las nuevas tecnologías han tenido en la dinámica de la atracción y selección de pareja.

La Hipergamia potenciada por el acceso a la Información Global

Antes del advenimiento de internet y las redes sociales, las interacciones y oportunidades de relación estaban limitadas a los círculos sociales locales. Con la llegada de plataformas como Instagram, Facebook, Tinder y Bumble, el alcance social de las personas se ha ampliado enormemente, brindando acceso a individuos que antes habrían estado fuera de su radar geográfico o social.

<u>Expansión de opciones:</u> En el contexto de la hipergamia, esta expansión significa que las personas pueden "comparar" potenciales parejas a nivel global. Tanto hombres como mujeres tienen la capacidad de observar y, en algunos casos, interactuar con individuos que pertenecen a una élite social, económica o física, lo que fomenta un ambiente en el que las personas buscan acceder a individuos de mayor estatus. Esto refuerza las tendencias hipergámicas, donde las mujeres, por ejemplo, buscan a hombres con mayores recursos y los hombres priorizan a mujeres jóvenes y atractivas.

<u>Fenómeno de "hiperconcentración" de la atención:</u> Las aplicaciones de citas también han facilitado lo que algunos expertos llaman "hiperconcentración" de la atención hacia un pequeño grupo de personas altamente atractivas. Un estudio en Tinder, por ejemplo, reveló que un porcentaje reducido de hombres y mujeres (aproximadamente el 20%) recibe la mayoría de las interacciones, mientras que el resto se queda con pocas opciones. Este fenómeno es un reflejo directo de las dinámicas hipergámicas, donde las mujeres buscan al hombre con más estatus y los hombres buscan a las mujeres más jóvenes y atractivas. Como resultado, muchas personas quedan excluidas de la interacción en estas plataformas, lo que genera frustración y ansiedad. A su vez, en estas plataformas, las mujeres más atractivas, que seguramente reciben cientos de mensajes masculinos, podrían seleccionar rápidamente a un potencial candidato sentimental y dejar la aplicación. Por eso, la plataforma la bombardea de hombres pocos

"deseables" para que ella "siga enganchada en la búsqueda".

Los efectos de las Redes Sociales en la Percepción del Valor Personal

Las redes sociales han creado un entorno en el que la validación externa se ha convertido en un factor determinante de la autoestima. Las dinámicas de la hipergamia han sido amplificadas por el constante bombardeo de imágenes de éxito, belleza y lujo que predominan en plataformas como Instagram. Esto afecta tanto a hombres como a mujeres, pero de maneras distintas, exacerbando las expectativas hipergámicas tradicionales.

La presión sobre las mujeres: Las mujeres, en particular, enfrentan una presión constante por mantener una imagen física idealizada. En las redes sociales, las mujeres son bombardeadas con imágenes de influencers, modelos y celebridades que exhiben cuerpos jóvenes y atractivos, lo que crea un estándar de belleza poco realista. Esta comparación constante puede llevar a que las mujeres sientan que necesitan alcanzar ciertos estándares para ser consideradas deseables, reforzando la dinámica hipergámica donde el valor de la mujer se mide en función de su apariencia.

La presión sobre los hombres: Del mismo modo, los hombres están expuestos a imágenes de éxito material: autos de lujo, ropa de diseñador y un estilo de vida opulento. Esto refuerza la idea de que los hombres deben alcanzar un alto estatus económico y social para ser considerados atractivos. Los hombres que no logran cumplir con estos estándares pueden sentirse inseguros y ansiosos acerca de su propio valor, lo que los lleva a compararse constantemente con otros y a buscar validación a través de la acumulación de riqueza o estatus.

El "Efecto Tinder" y la Ilusión de Opciones Infinitas

Las aplicaciones de citas como Tinder, Bumble y Hinge han revolucionado la forma en que las personas buscan parejas. Aunque estas plataformas prometen ampliar las oportunidades de interacción, también han generado una ilusión de opciones infinitas, lo que ha alterado profundamente la dinámica de la atracción y la elección de pareja.

Desvalorización de las interacciones individuales: Debido a la facilidad con la que se puede deslizar hacia la izquierda o hacia la derecha, muchas personas ven las interacciones en estas aplicaciones como desechables. Si una persona no cumple con todas las expectativas de manera inmediata, es fácil simplemente pasar a la siguiente opción. Esta actitud refuerza la búsqueda de una "pareja perfecta" que se ajuste a los estándares hipergámicos de estatus, belleza y juventud, pero que a menudo es difícil de encontrar en la realidad. La búsqueda constante de una opción mejor puede llevar a relaciones superficiales o a la incapacidad de comprometerse con alguien a largo plazo.

Dificultad para construir relaciones profundas: La abundancia de opciones en las aplicaciones de citas también puede dificultar la formación de relaciones profundas y significativas. En lugar de invertir tiempo en conocer a una persona y construir una conexión emocional, muchas personas optan por seguir buscando, creyendo que eventualmente encontrarán una mejor opción. Esto genera un ciclo de relaciones efímeras y la percepción de que siempre hay algo mejor disponible, lo que puede dificultar el desarrollo de compromisos reales y sólidos.

El Algoritmo y la Hipergamia: Cómo las Plataformas refuerzan tendencias selectivas

Las aplicaciones de citas no son neutrales en su funcionamiento; están diseñadas para maximizar el compromiso de los usuarios, lo que significa que sus algoritmos tienden a reforzar las dinámicas hipergámicas. A través de la inteligencia artificial y el análisis de datos, las plataformas ajustan qué perfiles muestran a cada usuario en función de sus preferencias y de los comportamientos anteriores de otros usuarios.

Prioridad de estatus y atractivo: Los algoritmos de las aplicaciones de citas tienden a mostrar primero a los perfiles que han recibido más interacciones positivas, lo que suele significar que los hombres con estatus más alto y las mujeres más atractivas reciben más visibilidad. Esto crea un ciclo de retroalimentación donde estos individuos obtienen más "matches" y refuerzan los criterios hipergámicos tradicionales de selección de pareja. Como resultado, muchas personas se ven excluidas de la interacción porque no cumplen con los estándares más populares, lo que genera frustración y sensación de rechazo.

<u>Fomento de la superficialidad:</u> Al centrarse en el atractivo físico y los logros de estatus, estas plataformas promueven relaciones superficiales. La facilidad con la que los usuarios pueden filtrar y seleccionar parejas basándose en fotos o en datos breves de perfil refuerza la tendencia de buscar atributos externos en lugar de priorizar la compatibilidad emocional o intelectual. Esto lleva a un enfoque reduccionista de la búsqueda de pareja, que deja de lado muchos aspectos importantes de las relaciones humanas.

La distorsión de la realidad en Redes Sociales: Proyecciones idealizadas

En las redes sociales, tanto hombres como mujeres proyectan versiones idealizadas de sí mismos. Estas plataformas permiten a las personas construir una imagen cuidadosamente curada, mostrando solo los aspectos más atractivos de su vida, lo que puede distorsionar la percepción de la realidad tanto en quienes emiten como en quienes consumen este contenido.

<u>La ilusión de perfección:</u> Las imágenes y las publicaciones en redes sociales están diseñadas para presentar una versión altamente editada y positiva de la vida de las personas. Las mujeres muestran cuerpos tonificados, juventud y belleza sin imperfecciones, mientras que los hombres exhiben éxito financiero, viajes y logros profesionales. Esta "realidad"

cuidadosamente editada crea expectativas poco realistas sobre lo que debe ser una pareja perfecta, perpetuando los ideales hipergámicos tradicionales.

<u>Comparaciones destructivas:</u> Al ver estas versiones idealizadas de los demás, muchas personas caen en la trampa de compararse constantemente. Las mujeres pueden sentirse presionadas para alcanzar los estándares de belleza y juventud que ven en las influencers y modelos (que no están exentas de ser engañosas por los filtros que usan), mientras que los hombres pueden sentir que no son lo suficientemente exitosos o poderosos en comparación con otros (que muchas veces exhiben artículos de lujo que en la realidad no le pertenecen). Esta constante comparación afecta negativamente la autoestima y la seguridad personal, llevando a decisiones en relaciones que no están basadas en la realidad, sino en un ideal inalcanzable.

Efectos Psicológicos de la Hipergamia Digital: Ansiedad y Desilusión

La exposición constante a estándares hipergámicos elevados en las redes sociales y aplicaciones de citas puede tener efectos psicológicos profundos en las personas. Tanto hombres como mujeres pueden desarrollar altos niveles de ansiedad y frustración debido a la presión de cumplir con las expectativas hipergámicas, lo que a menudo conduce a desilusiones y decepciones.

<u>Ansiedad en mujeres por la apariencia física:</u> Las mujeres que no se ajustan a los estándares de belleza

proyectados en las redes sociales pueden experimentar ansiedad y baja autoestima. La constante comparación con modelos e influencers puede llevar a una obsesión con la apariencia física, impulsando el uso excesivo de maquillaje, filtros o incluso procedimientos quirúrgicos para cumplir con los estándares irreales de belleza. Esta ansiedad por cumplir con el "ideal" hipergámico puede afectar la salud mental y la autopercepción.

Mujeres que solo ofrecen la exhibición de su cuerpo en redes sociales, son personas necesitadas de validación, y solo consiguen aprobación de hombres simp, o sea, de hombres que no quieren nada serio con ellas. Las mujeres son más atractivas a los ojos del varón, cuando comparten fotografías de su vida diaria, demostrando sus dotes sociales leyendo un libro, cocinando, trabajando en el jardín, etc. El hombre valora esas costumbres y la percibe como pareja a largo plazo.

<u>Frustración en hombres por el estatus</u>: Los hombres que no alcanzan los niveles de éxito o poder mostrados en las redes sociales pueden sentirse frustrados o insuficientes. Esto puede generar una competencia constante por "probar" su valor a través de la adquisición de riqueza, éxito profesional o bienes materiales. La frustración por no cumplir con las expectativas hipergámicas puede llevar a una baja autoestima, estrés y un enfoque superficial en la búsqueda de pareja. Si bien, un hombre en sus 20 puede correr en desventaja con uno de 30, lo cierto es que el hombre se construye, por lo que nada está definido, sino todo por ver y experimentar.

La era digital ha amplificado las dinámicas hipergámicas, pero también ha creado nuevas oportunidades y desafíos para las relaciones. Las redes sociales y las aplicaciones de citas han transformado la manera en que las personas se conectan, pero también han reforzado estereotipos y expectativas poco realistas. Para enfrentar estos desafíos, es crucial que las personas desarrollen una mayor conciencia de cómo la tecnología afecta sus decisiones en las relaciones, evitando caer en la trampa de la superficialidad y cultivando relaciones basadas en la autenticidad, la compatibilidad emocional y el respeto mutuo.

Capítulo 6
Cómo afrontar la hipergamia

¿A qué edad el Hombre y la Mujer se vuelven más atractivos y valiosos? Una perspectiva basada en estudios

La atracción y el valor percibido entre hombres y mujeres cambian significativamente con la edad, un fenómeno que ha sido objeto de estudio en el campo de la psicología evolutiva, la sociología y el análisis de las dinámicas de citas. Si bien el atractivo está influenciado por múltiples factores individuales, como la personalidad, la inteligencia y el humor, varios estudios han encontrado patrones claros sobre a qué edad hombres y mujeres tienden a ser más valorados por el otro género, y las razones detrás de estas preferencias.

La Atracción femenina y la juventud

Los estudios sobre las preferencias masculinas han mostrado un patrón consistente: los hombres tienden a sentirse más atraídos por las mujeres jóvenes, especialmente en la franja de edad entre los 18 y los 25 años. Un estudio realizado por OKCupid en 2010, basado en millones de interacciones en la plataforma, encontró que los hombres de todas las edades tienden a preferir mujeres en sus 20 años, incluso si ellos mismos son significativamente mayores.

- **Razones Biológicas**

Desde una perspectiva evolutiva, los hombres suelen ser atraídos por la juventud femenina porque es un indicador de fertilidad y salud reproductiva. Durante los años veinte, las mujeres generalmente se encuentran en su pico de fertilidad, lo que biológicamente las hace más atractivas para los hombres que están inconscientemente buscando una pareja con alta probabilidad de concebir.

Pico de Fertilidad: La juventud está directamente asociada con la capacidad reproductiva, y los estudios de psicología evolutiva sugieren que esta es una de las principales razones por las que los hombres tienden a ser atraídos por mujeres en su veintena.

Apariencia Física: A nivel estético, las mujeres jóvenes suelen exhibir características físicas que son consideradas universalmente atractivas: piel tersa, simetría facial y un índice de masa corporal que tiende a acercarse a los patrones clásicos de belleza.

- **Factores Sociales**

Si bien la biología juega un papel importante, los factores sociales también influyen en esta percepción. Las mujeres más jóvenes tienden a ser vistas como más abiertas a nuevas experiencias y más dispuestas a formar una familia, lo que puede resultar atractivo para hombres que buscan relaciones a largo plazo.

El valor de los hombres: Madurez y Estabilidad

Por el contrario, los estudios muestran que el atractivo masculino a los ojos de las mujeres sigue un patrón diferente. Los hombres tienden a valorarse más en sus primeros años de adultez, donde las mujeres suelen sentirse más atraídas por varones en sus 30 y 40 años. En el mismo estudio de OKCupid, se encontró que las mujeres, a medida que envejecen, tienden a preferir hombres que son mayores que ellas, y los hombres más atractivos para las mujeres están generalmente en la franja de edad de 35 a 45 años.

- **Razones Biológicas**

Desde un punto de vista evolutivo, las mujeres suelen sentirse atraídas por hombres que pueden proporcionar seguridad y estabilidad, lo cual tiende a correlacionarse con la edad. En lugar de enfocarse únicamente en la apariencia física, las mujeres valoran más los atributos relacionados con la capacidad de proveer recursos, protección y un entorno estable.

Estabilidad Financiera y Social: Los hombres mayores tienden a tener mayor éxito financiero y estabilidad en sus carreras, lo que los hace más atractivos para las mujeres que buscan estabilidad a largo plazo, especialmente cuando se trata de formar una familia.

Madurez Emocional: La madurez emocional y la experiencia de vida también son factores valorados por las mujeres en hombres mayores. La capacidad de lidiar con el estrés, la toma de decisiones y el manejo de situaciones complicadas tienden a mejorar con la edad, lo que incrementa el atractivo de los hombres. No obstante, se ven casos en que la mujer abandona al "chico bueno", por el "malo y vicioso", y es, porque el segundo no es mejor que el primero, sino que provee emoción, aventura, cierta inestabilidad emocional que seduce cuando la mujer es joven, y que el "bueno" en su afán de proveer y respetar todas las reglas, no alcanza a generar.

• **Factores Sociales**

Los hombres mayores suelen tener mayor claridad en cuanto a lo que buscan en una relación, lo que genera confianza en las mujeres. Además, la madurez y el estatus social que alcanzan los hombres con el tiempo aumentan su valor percibido.

Cambios en el valor percibido con la edad

Tanto para hombres como para mujeres, el atractivo y el valor percibido no son estáticos, sino que fluctúan a lo largo de la vida. Las mujeres tienden a ser valoradas más en su juventud debido a las razones biológicas antes mencionadas, pero a medida que envejecen, el valor que los hombres les otorgan tiende a disminuir. Sin embargo, las mujeres que se enfocan en el desarrollo personal, la inteligencia emocional y su carrera profesional, pueden compensar este cambio, atrayendo a hombres que valoran más aspectos relacionados con la conexión emocional y la estabilidad.

Por otro lado, los hombres suelen "mejorar" su atractivo con la edad, especialmente entre los 30 y los 50 años. Durante esta etapa, los hombres tienden a alcanzar su mayor éxito económico y profesional, lo que les otorga mayor valor a los ojos de las mujeres que buscan relaciones estables y seguras.

Si bien los estudios muestran patrones claros sobre la edad en la que hombres y mujeres son considerados más atractivos, es importante tener en cuenta que la atracción no es solo biológica. Las cualidades personales, como la confianza, la inteligencia emocional y la capacidad de conexión genuina, juegan un papel esencial en la valoración de una pareja. La juventud y la estabilidad son factores importantes, pero las relaciones satisfactorias se basan en aspectos más profundos que estos valores superficiales.

En conclusión, tanto hombres como mujeres pueden aumentar su valor y atractivo si se enfocan en el crecimiento personal, la inteligencia emocional y el bienestar general, independientemente de la edad.

Cómo volverse más atractivo y valioso para el sexo opuesto según los parámetros de la Hipergamia

La hipergamia, definida como la tendencia a buscar pareja en un rango superior en términos de estatus, atractivo o recursos, ha moldeado la manera en que hombres y mujeres se relacionan y eligen pareja a lo largo de la historia. Tanto hombres como mujeres pueden aumentar su atractivo y valor para el sexo opuesto siguiendo ciertos principios basados en la naturaleza hipergámica de las relaciones.

En términos de hipergamia, las mujeres tienden a buscar seguridad, estabilidad y recursos en un hombre. Esto no se limita solo al aspecto económico, sino que abarca una combinación de cualidades que refuerzan la capacidad de un hombre para ofrecer una vida estable y un futuro prometedor.

1. Mejorar el Estatus Económico y Profesional

Uno de los factores principales que aumentan el valor de un hombre en la dinámica hipergámica es su capacidad económica. Esto no implica que los hombres deban ser millonarios, pero tener una carrera estable y estar en una trayectoria ascendente en su profesión es atractiva para muchas mujeres, ya que denota seguridad y capacidad de proveer. Hay que recordar que, por lo general, una estabilidad económica se alcanza a partir de los 30 años, pero a una edad menor se puede exhibir que se está en el camino correcto, demostrando intereses, trabajando en ellos y no tirado en un sofá jugando a la PlayStation, o bebiendo cerveza como tonel sin fondo en cuanta fiesta se organice.

Desarrollo profesional: Invertir en la educación y en habilidades que le permitirán avanzar en la carrera profesional es clave. Los hombres que muestran ambición, disciplina y éxito en sus campos son percibidos como más valiosos. Estos factores no solo aumentan el estatus económico, sino también el social.

Seguridad financiera: Además de generar ingresos, es importante demostrar inteligencia financiera, es decir, saber administrar el dinero, ahorrar e invertir en un futuro sólido. Esto proyecta madurez y capacidad para manejar responsabilidades a largo plazo, cualidades valoradas en un contexto hipergámico.

2. Autoconfianza y Liderazgo

En la dinámica hipergámica, la autoconfianza es uno de los rasgos más atractivos que un hombre puede poseer. Las mujeres tienden a sentirse atraídas por hombres que muestran liderazgo, asertividad y una actitud positiva hacia la vida. Por eso, el hombre debe organizar las citas, ser el que proponga las ideas, y demostrar firmeza de carácter ante la mujer. Esto no significa ser arrogante, sino sentirse seguro en las propias decisiones, ser capaz de tomar la iniciativa y asumir responsabilidad. Los hombres que muestran confianza en sí mismos tienden a ser percibidos como más capaces de proteger y guiar, lo que encaja con los parámetros tradicionales de la hipergamia.

No es necesario ser un líder en todas las facetas de la vida, pero ser alguien que toma decisiones, actúa de manera decisiva y muestra habilidades para guiar en situaciones difíciles aumenta el atractivo masculino. El liderazgo está estrechamente ligado al estatus social y al control de los recursos.

3. Salud y cuidado personal

La apariencia física sigue siendo importante, aunque no necesariamente es el factor predominante para los hombres en la dinámica hipergámica. Sin embargo, un hombre que se cuida a sí mismo, que está en forma y muestra hábitos de vida saludable, es más atractivo porque proyecta vitalidad, autocontrol y disciplina.

Mantenerse en forma y cuidar la salud no solo mejora la apariencia física, sino que también transmite que el hombre es disciplinado y comprometido con su bienestar. Esto refleja un nivel subconsciente que será capaz de cuidar de los demás.

Vestir bien y tener una apariencia pulcra también juega un papel importante. Los hombres que cuidan su imagen personal son percibidos como más atractivos porque muestran que entienden el valor de las impresiones y el autocuidado.

Cómo aumentar el atractivo en la mujer: belleza y feminidad

Para las mujeres, la hipergamia sugiere que la juventud, la belleza y la feminidad son factores clave en la atracción que sienten los hombres. Sin embargo, esto no significa que las mujeres deban cumplir con estereotipos rígidos; más bien, se trata de optimizar y realzar los atributos que normalmente son valorados.

1. Belleza y salud física

El atractivo físico es una de las características más destacadas en los parámetros de la hipergamia cuando se trata de la atracción masculina. Los hombres tienden a sentirse atraídos por mujeres que proyectan juventud y salud, ya que estos son indicativos biológicos de fertilidad.

Cuidado de la piel y apariencia física: Mantener una piel saludable y radiante, así como un cuerpo en forma, son aspectos que aumentan la atracción física. Esto no implica que todas las mujeres deban ajustarse a un único estándar de belleza, sino que es beneficioso cuidar la apariencia física de manera que se destaque la salud y vitalidad.

Estilo personal y feminidad: La feminidad no se refiere exclusivamente a los estándares tradicionales de género, sino a la capacidad de realzar los atributos que proyectan delicadeza y atracción física. Vestir de manera elegante y cuidar la presentación personal puede incrementar considerablemente la atracción masculina. La mujer no debe imitar al hombre, sino ser su opuesto, la contraparte que el hombre necesita para estar completo. Una mujer masculina no atrae, solo se ubica como un amigo del hombre.

2. Inteligencia Emocional y Apoyo

Aunque la belleza física es un factor importante, muchos hombres también buscan en una pareja una conexión emocional y el apoyo. La inteligencia emocional es un atributo que las mujeres pueden desarrollar para fortalecer sus relaciones y atraer a parejas potenciales.

<u>Capacidad para nutrir relaciones</u>: Ser comprensiva, empática y emocionalmente estable es un atributo altamente valorado por los hombres. Una mujer que sabe cómo gestionar conflictos, que apoya a su pareja en sus metas y que fomenta una conexión emocional profunda tiende a ser más atractiva para relaciones a largo plazo.

<u>Comunicación asertiva</u>: Las mujeres que pueden expresar sus emociones de manera clara y positiva sin ser conflictivas tienen una ventaja en las relaciones. Los hombres valoran a las mujeres que pueden resolver problemas de manera constructiva y que fomentan un ambiente de paz y apoyo.

3. Autenticidad y confianza en sí misma

La confianza es uno de los rasgos más atractivos en cualquier persona, y las mujeres que proyectan autenticidad y seguridad en sí mismas captan la atención de los hombres.

<u>Seguridad y autoestima:</u> Una mujer que se siente cómoda consigo misma y que no necesita validación constante es vista como más atractiva. La confianza en sí misma no solo se refleja en la forma en que se relaciona con los demás, sino también en cómo se proyecta a nivel personal y profesional.

<u>Revise sus publicaciones en redes sociales:</u> Si solo sube fotos ligeras de ropas, en actitudes provocativas, de seguro está buscando aprobación masculina; pero solo conseguirá llamar la atención de hombres mediocres que solo la ven como un objeto, y no por lo que usted vale. Jamás conseguirá un hombre de gran valor como compañero de vida.

<u>Autenticidad en la feminidad:</u> Ser auténtica y no intentar ajustarse a un ideal o imagen que no sea real es muy valorado por los hombres. Atrae más una mujer que es genuina y que está cómoda con su propia identidad, en lugar de intentar ajustarse a expectativas externas.

El valor de ambos géneros en la hipergamia moderna

Aunque la hipergamia tradicional puede parecer basada en aspectos materiales y superficiales, las relaciones en la actualidad exigen algo más. Las dinámicas de poder entre los géneros han evolucionado y tanto hombres como mujeres tienen la oportunidad de destacarse mediante el desarrollo personal, el crecimiento emocional y la mejora continua.

1. Enriquecer la Conexión Emocional

Aparte de los factores mencionados, tanto los hombres como las mujeres pueden aumentar su valor si desarrollan habilidades de comunicación emocional y empatía. Estos aspectos son fundamentales para fortalecer las relaciones a largo plazo y crear una conexión que va más allá de lo físico o material.

2. Crecimiento personal y adaptabilidad

En un mundo en constante cambio, las personas más atractivas son aquellas que muestran crecimiento personal y la capacidad de adaptarse. Las mujeres que se esfuerzan por crecer intelectual y emocionalmente, y los hombres que se dedican a desarrollar su inteligencia emocional y a mejorar su estatus personal, no solo son más atractivos, sino que también son capaces de mantener relaciones más satisfactorias y equilibradas.

Por lo tanto, la hipergamia establece ciertos parámetros tradicionales en la atracción entre hombres y mujeres, pero estos pueden entenderse y aplicarse de manera saludable para optimizar la calidad de las relaciones. Tanto hombres como mujeres pueden volverse más atractivos y valiosos para el sexo opuesto si invierten en su desarrollo personal, cuidan su apariencia física, mejoran sus habilidades emocionales y comunican de manera efectiva. Estos esfuerzos no solo aumentarán su valor percibido, sino que también les permitirán crear relaciones más profundas, significativas y equilibradas.

La comprensión de los parámetros tradicionales de la hipergamia, cuando se aborda con una perspectiva moderna y saludable, puede permitir tanto a hombres como a mujeres desarrollar una mayor conciencia de sí mismos y de sus relaciones. No se trata solo de cumplir con expectativas basadas en estatus o belleza, sino de evolucionar como individuos en todas las áreas de la vida. El crecimiento personal, la confianza en uno mismo y la inteligencia emocional son fundamentales para cultivar relaciones auténticas y significativas.

Reflexión sobre la hipergamia en el contexto actual

Aunque los parámetros hipergámicos están profundamente arraigados en la biología y la evolución, en la sociedad contemporánea, las relaciones ya no se basan exclusivamente en roles de género tradicionales. Las mujeres han ganado independencia económica y los hombres valoran más la conexión emocional que las simples apariencias. Sin embargo, aspectos como la seguridad, la estabilidad y el atractivo físico siguen siendo importantes para ambos géneros, aunque de manera equilibrada y flexible.

Para los hombres, el valor que pueden ofrecer en una relación va más allá de los recursos económicos; la inteligencia emocional, la capacidad de liderazgo y la seguridad en sí mismos son igualmente importantes para atraer y mantener una relación de calidad.

Para las mujeres, aunque la belleza física sigue siendo una clave atractiva, el auténtico valor se refleja en su inteligencia emocional, su apoyo y la capacidad de nutrir relaciones desde una perspectiva genuina y de igualdad.

Consejos prácticos para ambos géneros

<u>Desarrollo personal:</u> Continuar aprendiendo, mejorando en la carrera profesional y cuidando la salud mental y emocional aumenta el valor de cualquier individuo en una relación.

<u>Autocuidado físico:</u> La salud y el bienestar físico son esenciales. Mantenerse en forma y saludable no solo mejora la apariencia, sino que refuerza la autoconfianza.

<u>Inteligencia emocional:</u> Desarrollar la capacidad de comprender, expresar y gestionar las emociones es vital para la conexión emocional y para construir relaciones duraderas.

<u>Autenticidad:</u> Ser genuino y no tratar de ajustarse a expectativas externas es clave para atraer a una pareja que valore quién eres en esencia.

<u>Comunicación efectiva:</u> Aprender a comunicarse abiertamente y de manera asertiva fomenta relaciones más saludables y reduce los malentendidos.

Volverse más atractivo y valioso para el sexo opuesto no implica ajustarse a ideales inalcanzables o superficiales. Se trata de invertir en uno mismo, tanto a nivel físico como emocional, y proyectar una imagen que refleje seguridad, empatía y autenticidad. Al mejorar en estas áreas, hombres y mujeres no solo optimizan su valor dentro de los parámetros hipergámicos tradicionales, sino que también están mejor equipados para crear relaciones más profundas y satisfactorias en un mundo cada vez más complejo.

El hombre siempre en desventaja

Es bien sabido que el hombre nace con desventaja. Por su lado, la mujer es percibida desde el nacimiento como un ser débil que debe ser cuidado, y al que se le está permitido explayarse con sus sentimientos de vulnerabilidad; mientras al varoncito se lo llama a ser HOMBRE y a no llorar, y que siempre debe proteger a la mujer a toda costa.

Con la llegada de la adolescencia, la mujer no debe hacer absolutamente nada, ya trae consigo los elementos para llamar la atención, mientras el hombre debe construirse, instruirse y madurar para poder seducir y ser elegido. Mientras ellas rechazarán a diestra y siniestra, porque pretendientes nunca les faltan, el hombre debe aprender de los rechazos y comprender que está en una eterna competencia con otros hombres que tienen mayor valor que él, y que son los que se quedan con las chicas.

A continuación, podemos destacar varios aspectos del comportamiento masculino que son claves para mantener una relación saludable y evitar caer en patrones que llevan al fracaso o a la pérdida de respeto en la pareja. A continuación, analizamos los puntos más sobresalientes:

1. Evitar el comportamiento "Simp"

Uno de los temas recurrentes en la vida del hombre en crecimiento es evitar caer en la dinámica de lo que denomina un comportamiento de "simp" o "arrastrado". Este término se refiere a los hombres que se muestran excesivamente complacientes, serviciales o sumisos en un intento de ganar el afecto de una mujer, perdiendo su dignidad y valor personal en el proceso.

Un hombre que está siempre disponible, que pone a su pareja en un pedestal o que se muestra dependiente emocionalmente de su aprobación, inevitablemente perderá su atractivo a largo plazo. El hombre debe mantener su individualidad, su dignidad y su propia vida, sin caer en actitudes que lo desvaloricen.

2. El Valor de la Autosuficiencia

Hay que ser firme en señalar que los hombres deben ser emocional y económicamente autosuficientes. La dependencia, tanto financiera como emocional, es vista como una debilidad que puede deteriorar una relación.

<u>Independencia emocional</u>: Los hombres no deben basar su felicidad ni su autoestima exclusivamente en su relación de pareja. Un hombre emocionalmente autosuficiente es más atractivo porque no necesita estar constantemente validado por su pareja para sentirse bien.

Independencia económica: Tener una vida profesional estable y bien gestionada es esencial. Esto no solo otorga confianza, sino que refuerza la sensación de control sobre la vida, lo cual es crucial en la dinámica de la atracción.

3. Mantener el Control Emocional

Uno de los pilares fundamentales de la masculinidad sana es que los hombres deben aprender a controlar sus emociones, especialmente cuando se trata de conflictos o rupturas amorosas. Mostrar desesperación, inseguridad o ira desmedida en momentos difíciles mina la atracción y el respeto de la pareja.

Gestionar rupturas amorosas: La recomendación más destacada es no rogar, no perseguir, y no mostrar debilidad emocional frente a la expareja. Este enfoque, conocido como la "ley del hielo", aboga por el alejamiento total después de una ruptura, permitiendo que el hombre recupere su dignidad y, en muchos casos, aumentando la probabilidad de que la mujer lo valore de nuevo.

Evitar la reactividad emocional: El hombre debe evitar ser reactivo ante provocaciones o manipulaciones emocionales. Mantener la calma y proyectar seguridad en momentos de tensión ayuda a preservar el respeto y la atracción dentro de la relación.

4. Ser el líder en la relación

El hombre debe ocupar una posición de liderazgo dentro de la relación, pero esto no significa ser autoritario o controlador. Se refiere más bien a que el hombre debe tener claridad en lo que quiere, tomar decisiones y actuar de manera proactiva.

Seguridad y dirección: Un hombre que sabe lo que quiere y que es capaz de tomar decisiones muestra una cualidad atractiva para las mujeres. La indecisión o la dependencia de la opinión de la pareja para cada detalle de la relación puede llevar a que la mujer pierda el interés o el respeto.

Iniciativa: El hombre no debe esperar que la mujer lo guíe en la relación, sino que debe ser quien impulse el rumbo y defina los límites de lo que quiere. Esta postura no es machista, sino que busca que el hombre actúe con convicción y dirección, dos características altamente valoradas en las dinámicas amorosas.

5. Respetar el espacio personal

Otro punto importante es la importancia de respetar los espacios personales dentro de la relación. Esto incluye mantener un balance entre el tiempo en pareja y las actividades individuales. La dependencia excesiva y la falta de vida propia fuera de la relación son destructivas.

Mantener hobbies y amistades: Un hombre que no abandona sus pasiones, intereses y círculos sociales por la relación es más atractivo, ya que mantiene una identidad fuera de la pareja. Cuando un hombre pierde su individualidad por completo, no solo se vuelve

menos interesante, sino que aumenta las
probabilidades de que la relación se vuelva monótona.

Dejar que la pareja extrañe: Es saludable que la mujer
pueda extrañar al hombre. Estar disponible todo el
tiempo o saturar la relación con constante atención
puede desgastar la atracción. Dar espacio y respetar la
distancia en ciertos momentos refuerza el deseo.

6. Evitar la Idealización de la Pareja

Uno de los errores más comunes en los hombres es la
tendencia a idealizar a la pareja, especialmente en las
etapas iniciales o después de una ruptura. Esta
idealización puede llevar a la dependencia emocional y
a la pérdida del sentido de realidad.

Desmitificar la relación: Se aconseja a los hombres que
se enfoquen en ver a la mujer como un ser humano con
defectos y virtudes, en lugar de colocarla en un
pedestal. Idealizar a una mujer puede llevar a
expectativas irreales y, cuando estas no se cumplen, a
una frustración que afecta la dinámica de la relación.

Realismo sobre la pareja: Los hombres deben ser
realistas sobre quién es su pareja, a no sobrevalorar
su rol en la relación, y a mantener siempre su propia
individualidad y autonomía. Al ver a la pareja de
manera realista, se evitan los comportamientos
complacientes y serviles que suelen minar el respeto y
la atracción.

7. No perder el propósito personal

Uno de los puntos cruciales que se destaca es que los hombres no deben perder de vista su propósito personal en la vida, independientemente de su situación amorosa. Esto es fundamental para mantener el respeto y la admiración dentro de una relación.

Foco en metas y ambiciones: Un hombre que se encuentra enfocado en sus metas y proyectos personales es más atractivo. El hombre no debe sacrificar su crecimiento profesional, personal o emocional por una relación, ya que esto eventualmente afectará su autoestima y, por ende, la dinámica con su pareja.

Evitar la codependencia emocional: Se alerta contra el riesgo de volverse demasiado dependiente emocionalmente de la pareja. Cuando un hombre pone a su pareja como el centro absoluto de su vida y abandona sus propios intereses, pierde poder de atracción y genera un desequilibrio en la relación.

8. La importancia de saber decir No
Se recalca la importancia de que el hombre sepa establecer límites y decir "no" cuando sea necesario. Este punto es fundamental para saber cómo mantener la dignidad y el respeto en una relación.

Establecer límites claros: Saber decir "no" no solo es una cuestión de evitar complacencias innecesarias, sino también de establecer límites saludables en la relación. Un hombre que no tiene miedo de mantener su posición y defender lo que considera justo y necesario es visto como más respetable.

Evitar la sumisión: Se critica a los hombres que permiten que su pareja cruce límites por miedo a perderla. El comportamiento sumiso y complaciente tiende a generar desprecio en lugar de afecto, por lo que saber cuándo poner límites y actuar con firmeza es clave para mantener una relación equilibrada.

9. La Ley del Hielo en rupturas

La Ley del Hielo, un método para manejar las rupturas amorosas. Se aconseja al hombre que, tras una ruptura, proceda al corte completo del contacto con su expareja. Esto incluye no enviar mensajes, no intentar recuperarla y, en esencia, desaparecer por completo de su vida durante un tiempo (o definitivamente).

Recuperar la dignidad: Este enfoque busca que el hombre recupere su dignidad, controle sus emociones y evite mostrarse como alguien desesperado por volver. Al desaparecer del radar de su ex, permite que ella lo valore desde la distancia, aumentando la posibilidad de que sea ella quien vuelva a buscar el contacto.

Recuperación emocional: También se enfatiza que la Ley del Hielo no es solo una estrategia para recuperar a la expareja, sino una herramienta para que el hombre recupere su estabilidad emocional y se enfoque en sí mismo.

10. Entender la Psicología Femenina

Se insiste en la importancia de que los hombres entiendan algunos aspectos básicos de la psicología femenina, especialmente en cuanto a la atracción y el respeto. Las mujeres, en general, no valoran a los hombres que se muestran demasiado dependientes o inseguros, y prefieren a aquellos que se mantienen firmes y con una vida propia.

<u>Misterio y desafío</u>: Una de las claves para mantener el interés de una mujer es mantener cierto nivel de misterio y desafío. Los hombres que siempre están disponibles y que no presentan ningún reto tienden a perder su atractivo más rápidamente.

<u>Evitar los excesos emocionales:</u> Aunque la inteligencia emocional es importante, ser demasiado emocional o sensible frente a una mujer puede generar una pérdida de respeto y atracción, ya que muchas veces esto es percibido como una señal de debilidad.

Este enfoque claro y directo sobre el comportamiento masculino en las relaciones, basado en la autosuficiencia, el control emocional y el respeto propio, marca como el hombre debe evitar caer en la complacencia excesiva o la dependencia emocional, y, en cambio, debe cultivar su individualidad, ambición y dignidad personal. Siguiendo estos principios, los hombres no solo podrán mantener relaciones más equilibradas y satisfactorias, sino también evitar los errores comunes que llevan a la pérdida de respeto y atracción en la pareja.

Capítulo 7
Más allá de la Hipergamia:
Relaciones basadas en la igualdad

La hipergamia, tanto en hombres como en mujeres, ha sido una dinámica clave en la elección de pareja a lo largo de la historia, impulsada por factores biológicos y socioculturales. Sin embargo, en las últimas décadas, ha surgido un cambio significativo en cómo las personas entienden y valoran sus relaciones, priorizando la igualdad, la compatibilidad emocional y el respeto mutuo sobre los patrones tradicionales de estatus y atractivo. Este capítulo final explora cómo las relaciones pueden ir más allá de las dinámicas hipergámicas para construir conexiones más saludables y equitativas.

El desafío de superar los patrones hipergámicos

Superar las dinámicas hipergámicas no es fácil, ya que están profundamente arraigadas en nuestra biología y cultura. Sin embargo, el creciente movimiento hacia la igualdad de género, la transformación de los roles tradicionales y el aumento del acceso a la educación y la autonomía financiera para las mujeres han facilitado una evolución hacia relaciones más equilibradas.

Autonomía financiera de las mujeres: A medida que más mujeres acceden a la educación y obtienen independencia económica, la necesidad de buscar una pareja que les brinde seguridad financiera ha disminuido. Esto ha permitido que las mujeres enfoquen sus decisiones de pareja en factores como la compatibilidad emocional, los intereses compartidos y la igualdad de valores, en lugar de basarlas principalmente en el estatus económico del hombre.

<u>Cambio de expectativas en los hombres</u>: Los hombres también están experimentando un cambio en sus expectativas sobre la pareja. En lugar de buscar únicamente a mujeres jóvenes y atractivas, muchos hombres están valorando la inteligencia, el apoyo emocional y la capacidad de su pareja para ser una compañera igualitaria. Este cambio refleja un alejamiento de las expectativas hipergámicas tradicionales y una mayor apreciación de la compatibilidad a largo plazo.

Relaciones basadas en la igualdad: Características claves

Las relaciones basadas en la igualdad se centran en el respeto mutuo, la colaboración y el crecimiento conjunto. A continuación, se destacan algunas de las características claves que definen este tipo de relaciones.

<u>Respeto mutuo</u>: En una relación equitativa, ambas personas respetan las opiniones, deseos y necesidades del otro. No se trata de que una persona tenga más poder o control sobre la otra, sino de que ambos individuos valoran y aprecian las cualidades del otro, reconociendo su igualdad como compañeros.

Colaboración y apoyo: Las relaciones basadas en la igualdad promueven la colaboración. Tanto el hombre como la mujer trabajan juntos para alcanzar metas comunes, como la estabilidad financiera, el crecimiento emocional y el bienestar familiar. En lugar de centrarse en los roles tradicionales de género, ambas partes asumen responsabilidades compartidas, y el éxito de uno se considera un éxito conjunto.

Compatibilidad emocional: En este tipo de relaciones, la conexión emocional tiene prioridad sobre las expectativas superficiales de estatus o belleza. La capacidad de comunicarse abiertamente, comprender las emociones del otro y apoyarse mutuamente en momentos de dificultad son los pilares de una relación saludable y equitativa.

Igualdad de roles y responsabilidades: Las relaciones igualitarias desafían las nociones tradicionales de roles de género, en las que las mujeres se encargan del hogar y los hombres de proveer. Hoy en día, muchas parejas eligen dividir las responsabilidades de manera equitativa, tomando decisiones basadas en las habilidades y preferencias individuales, no en expectativas sociales.

El papel del Feminismo y el Movimiento por la Igualdad de Género

El movimiento feminista ha jugado un papel crucial en la transformación de las relaciones de pareja. A través de la lucha por la igualdad de derechos y la equidad de género, las mujeres han ganado más libertad para elegir a sus parejas basándose en sus preferencias personales en lugar de necesidades materiales. Esto ha impulsado un cambio cultural en cómo las personas perciben las relaciones.

<u>Desmitificación de la dependencia financiera</u>: Antes del avance de los derechos de las mujeres, muchas relaciones estaban fundadas en la necesidad de las mujeres de depender económicamente de los hombres. Con la creciente independencia económica de las mujeres, las dinámicas hipergámicas tradicionales han comenzado a perder su fuerza. Las mujeres ya no están obligadas a elegir parejas basándose en su capacidad para proveer, lo que abre la puerta a relaciones más genuinas y centradas en la compatibilidad.

<u>Nuevas expectativas para los hombres</u>: El feminismo no solo ha beneficiado a las mujeres, sino que también ha permitido a los hombres liberarse de los roles tradicionales. Los hombres en relaciones igualitarias pueden sentirse menos presionados para cumplir con las expectativas de ser el "proveedor" o de demostrar su valor a través de logros económicos. En su lugar, pueden enfocarse en ser compañeros emocionales, presentes y responsables, lo que enriquece la relación.

El impacto de la tecnología en la hipergamia

En el contexto contemporáneo, la tecnología ha transformado la dinámica de las relaciones, influyendo en la práctica de la hipergamia. Con una mayor conectividad global, las personas tienen más probabilidades de formar parejas interculturales, lo que conduce a una redefinición de las relaciones hipergámicas que priorizan las experiencias compartidas y la compatibilidad de estilos de vida por sobre los marcadores de estatus tradicionales.

Esta evolución refleja los valores sociales cambiantes y la creciente importancia de la adaptabilidad y el crecimiento mutuo en las relaciones románticas.

La Comunicación como pilar de la Igualdad

La comunicación es una de las herramientas más poderosas para construir y mantener relaciones basadas en la igualdad. En lugar de imponer expectativas no dichas o seguir normas culturales sin cuestionarlas, las parejas en relaciones igualitarias practican la comunicación abierta y honesta como un pilar fundamental.

Escucha activa y empatía: En una relación basada en la igualdad, ambas partes se sienten valoradas y escuchadas. La escucha activa implica no solo oír lo que la otra persona dice, sino tratar de comprender sus emociones y perspectivas. La empatía es clave para crear un espacio donde ambos puedan expresarse sin miedo al juicio o la crítica.

Negociación y resolución de conflictos: Las relaciones igualitarias requieren que ambos miembros de la pareja estén dispuestos a negociar y resolver conflictos de manera justa. No se trata de imponer la voluntad de uno sobre el otro, sino de encontrar soluciones que beneficien a ambas partes. Esto requiere flexibilidad, comprensión y una disposición para comprometerse cuando sea necesario.

<u>Transparencia en expectativas y metas:</u> Las parejas que aspiran a relaciones igualitarias son transparentes sobre sus expectativas y metas. Esto incluye desde las finanzas hasta las responsabilidades en el hogar, pasando por los proyectos futuros. La claridad y la honestidad en estas áreas evitan malentendidos y aseguran que ambas partes trabajen hacia los mismos objetivos.

Desafíos de las Relaciones Igualitarias

A pesar de las ventajas de las relaciones basadas en la igualdad, también enfrentan desafíos únicos. La igualdad no se da de manera automática; debe ser negociada y cultivada continuamente. Algunos de los obstáculos más comunes incluyen:

<u>Desigualdad de ingresos:</u> Aunque la independencia económica es un factor clave en las relaciones equitativas, muchas parejas enfrentan diferencias en sus niveles de ingresos. Esto puede generar tensiones si no se aborda con comunicación abierta y acuerdos claros sobre cómo manejar las finanzas.

<u>Expectativas culturales y sociales:</u> A pesar de los avances en la igualdad de género, muchas sociedades aún mantienen expectativas tradicionales sobre los roles de hombres y mujeres. Las parejas que desafían estas normas pueden enfrentar críticas o presiones externas, lo que puede dificultar la creación de una relación verdaderamente equitativa.

<u>Dificultad para equilibrar carreras y responsabilidades familiares:</u> En una relación igualitaria, ambas partes suelen querer tener éxito en sus carreras, lo que puede crear dificultades para equilibrar las responsabilidades laborales y familiares. Este desafío requiere una planificación cuidadosa y la disposición para compartir las responsabilidades del hogar y la crianza de los hijos.

El Futuro de las Relaciones Igualitarias

Las relaciones basadas en la igualdad no solo representan un cambio cultural significativo, sino que también ofrecen una visión esperanzadora para el futuro de las parejas. A medida que las normas sociales continúan evolucionando y las personas buscan relaciones más auténticas y significativas, es probable que las dinámicas de igualdad sigan ganando terreno.

Históricamente, la hipergamia servía como estrategia práctica para la seguridad financiera, en particular para las mujeres en sociedades donde las oportunidades económicas eran limitadas. Sin embargo, el panorama moderno ha cambiado drásticamente. Con un mayor acceso a la educación y a carreras lucrativas para las mujeres, la independencia financiera ha reducido la dependencia de la riqueza de la pareja, lo que permite a las personas priorizar la compatibilidad emocional e intelectual por sobre el mero estatus económico.

La importancia del crecimiento conjunto: Las relaciones igualitarias se construyen sobre la idea de que ambos individuos están comprometidos con el crecimiento personal y el apoyo mutuo. Este enfoque permite que las parejas no solo compartan su vida, sino que también se ayuden mutuamente a alcanzar sus metas individuales.

<u>Flexibilidad en roles</u>: A medida que las sociedades se alejan de las expectativas tradicionales de género, las parejas tendrán más libertad para definir sus propios roles y responsabilidades. Esta flexibilidad permitirá que las relaciones se adapten a las circunstancias cambiantes de la vida, fortaleciendo la conexión emocional y promoviendo una mayor resiliencia en la pareja.

<u>Compatibilidad intelectual</u>: La compatibilidad intelectual pone de relieve la alineación de los pensamientos, intereses y objetivos intelectuales de la pareja. Implica entablar conversaciones estimulantes, desafiar los puntos de vista de cada uno y crecer juntos. Este aspecto ha cobrado importancia en las relaciones modernas, ya que la compatibilidad emocional e intelectual se considera cada vez más vital para la longevidad y la satisfacción.

A medida que las personas buscan parejas que resuenen con sus longitudes de onda intelectuales, este cambio refleja un enfoque más holístico para la selección de pareja más allá de los marcadores tradicionales de estatus.

<u>Cambio de roles de género</u>: A medida que los roles de género tradicionales continúan transformándose, la hipergamia se ha convertido cada vez más en una vía de doble sentido. Los hombres también están

considerando aspectos que van más allá del estatus financiero, como el apoyo emocional y los valores compartidos. Este cambio refleja un movimiento más amplio hacia relaciones igualitarias, donde ambos miembros de la pareja contribuyen y comparten las responsabilidades financieras, lo que redefine lo que significa "casarse con alguien de una posición superior".

Conclusión

La hipergamia es la práctica de buscar una pareja de un nivel socioeconómico superior, que tradicionalmente se caracteriza por el "casamiento de mujeres con un nivel socioeconómico superior". Este fenómeno tiene profundas raíces históricas en sociedades gobernadas por estructuras de castas y clases, donde el matrimonio era un medio crucial de movilidad social. A medida que han evolucionado las oportunidades económicas, en particular para las mujeres, la relevancia de la hipergamia ha cambiado, lo que ha dado lugar a debates contemporáneos sobre sus implicaciones en las relaciones modernas. Los académicos destacan que la hipergamia no se limita únicamente a la ganancia económica; también abarca la compatibilidad emocional y los valores compartidos, lo que refleja la evolución de la dinámica de género y las expectativas sociales.

El concepto de hipergamia ha generado tanto apoyo como críticas. Los defensores sostienen que permite a las personas buscar relaciones satisfactorias que estén alineadas con sus aspiraciones, desafiando los roles de género tradicionales. Por el contrario, los críticos sostienen que la hipergamia refuerza estereotipos obsoletos, que presentan a las mujeres como motivadas principalmente por la seguridad financiera y socavan su autonomía. Este debate polarizado a menudo conduce a discusiones más amplias sobre la naturaleza de las relaciones y la influencia de las normas sociales en la selección de pareja.

Estudios recientes indican que las conductas hipergámicas se ven condicionadas por influencias culturales y avances tecnológicos, como el auge de las plataformas de citas online. Estas herramientas permiten a las personas conectarse con una amplia gama de posibles parejas, priorizando a menudo los atributos educativos y profesionales junto con las consideraciones financieras. Esta evolución pone de relieve la complejidad actual de la dinámica hipergámica en la sociedad contemporánea, donde las motivaciones pueden variar ampliamente en función del contexto cultural y las aspiraciones individuales.

En esencia, la hipergamia sigue siendo un tema multifacético que engloba no solo la búsqueda de un estatus social más elevado a través del matrimonio, sino que también refleja cambios sociales más amplios y elecciones personales en el ámbito de las relaciones románticas. Su exploración abre caminos para comprender cómo las relaciones se adaptan a los cambiantes panoramas económicos, culturales y tecnológicos del siglo XXI.

Aunque la hipergamia ha sido una fuerza dominante en las relaciones humanas, el crecimiento de las relaciones basadas en la igualdad ofrece una alternativa más saludable y equilibrada. Estas relaciones están centradas en el respeto mutuo, la comunicación abierta y el crecimiento conjunto. Si bien enfrentan desafíos, el potencial para crear relaciones más profundas y significativas es innegable. Al dejar atrás los patrones tradicionales de poder y estatus, las parejas pueden construir una conexión auténtica que priorice la igualdad, la compatibilidad emocional y el bienestar compartido.

_______0_______